P. DESCHAMPS

CHEF DU SERVICE DE L'ENSEIGNEMENT A MADAGASCAR

SYLLABAIRE

français-malgache

Méthode

I. CARRÉ

ADAPTÉE

aux Écoles malgaches

Librairie Armand Colin

5, rue de Mézières, Paris

SYLLABAIRE FRANÇAIS-MALGACHE

Méthode I. CARRÉ

Adaptée aux écoles malgaches

PAR

P. DESCHAMPS

Chef du Service de l'Enseignement à Madagascar.

LIBRAIRIE ARMAND COLIN

5, RUE DE MÉZIÈRES, PARIS

—

1902

Tous droits réservés.

Ho any ny mpampianatra.

Raha mampianatra mamaky teny ny ankizy dia tsy ilaina akory ny hampahalal\
azy ny anaran'ny litera amin' ny Abidy, fa ny mampianatra azy izay fanononan\
fotsiny dia ampy.

Ohatra :. Raha hamaky ny vakiteny **ni** (fampíasana faharoa) dia tsy ilain' n\
ankízy ny hahalala fa ny litera voalohany amin'io vakiteny io dia atao hoe . **enn**\
fa izao fotsiny raha mamaky vakiteny iray izay miantomboka amin'io misy feo to\
mivoaka avy any an'orona ka arahin'ny zanatsoratra : **nnn-i**. Raha manonona zano\
tsoratra dia lazaina ny anarany ; fa ny renisoratra : kosa dia ny fomba fanononan\
ny feo fotsiny avy amin' ny fihetsahan' ny lela sy ny molotra.

Fampiasana II. — Ampamakio ny litera **a** aloha, ka soraty eo amin' ny tableau noi\
io litera io. Ataovy avy ny fomba fanao amin' ny soratanana.

Asaovy vakina indray ny litera **i**, sady soraty eo amin' ny tableau noir koa,. di\
asaovy tononiny ny litera **n** tahaky ny efa voalaza teo ambony **nnn... i ; nnn... a**

Ary koa asaovy mamaky ny fampiasana ny fanononana ny renisoratra arak izao\
1° Amin' ny fitoerana voalohany : Vakina midina ny zanatsoratra izay eo anilan\
ambony eo. andanin'ny tsipika fisarahany avy. Ary amin'io fitoerana faharoa n\
vakiteny izay eo ambony **a, na ; i, ni**.

2°. Vakina mitsivalana aloha ny litera eo amin' ny tsipika voalohany dia vao n\
vakiteny amin' ny tsipika faharoa **na, ni**.

Asaovy vakina ireo fomba fanao amin' ny Porinty izay eo ankavia alohan'n\
hamakiana ireo fomba fanao amin' ny soratanana ízay eo ankavanana **na, ni**.

Rehefa vita izany dia ny famakiana ny teny **nananana**, etc., no atao. Rehef\
vita ny fianarana mamaky teny dia asaivo manakopia isam-pampiasana eo amin'n\
solaitra na ny cahier ny ankizy, amin'ny fomban-tsoratanana no hanaovany azy\
Tsy maintsy ataon'ny ankizy indray mianatra ny mamaky teny sy ny manoratra\
Atao tahaka izany daholo ny fomba fanao ny fampiasana rehetra.

* * *

Amin' ny Grammaire, mizara ho toko roa lehibe ny litera dia ny zanatsoratra sy n\
renisoratra nefa amin' ny vakiteny dia hita mazava koa fa misy zanatsoratra sy reni\
soratra foronin'ny litera maromaro, toy ny **ao, ai** dia zanatsoratra ary ny **dr, tr**\
dia tena miseho ho renisoratra mazana mihitsy.

Ireo renisoratra sy zanatsoratra foronin'ny litera maromaro ireo dia notsipihin\
eo ambany.

Amin' ny fahitana izany anefa, aoka tsy hampifangaroinareo ny toy ireto : Ohatr\
dr sy **ng** — ny **dr** dia renisoratra iray mihitsy fa ny **ng** dia fikambanan-drenisoratr\
roa samy mahaleo tena saingy tononina faingana.

SYLLABAIRE FRANÇAIS-MALGACHE

PREMIÈRE PARTIE

FIANARANA VOALOHANY-1.

a e o i y - *a e o i y*

ai ay ao - *ai ay ao*

FIANARANA FAHA-2.

n · *n*

Fampiasana ny fanononana.

i	a	ao	e	ai	o
ni	na	nao	*ne*	*nai*	*no*

na na na na,   a na na,   i ne ny.

---

(1) Ny mpampianatra tsy maintsy manoratra amin' ny tabilao noara ireo litera ireo. Tsy maintsy asehony mazava ny fomba samihafa fanoratana ny litera.

FIANARANA FAHA - 3.

m · *M*

Fampiasana ny fanononana.

o	e	ai	*ao*	*i*	*e*
mo	**me**	**mai**	*mao*	*mi*	*me*

na ma na,   me na,   mai na,   ma mo no,   ma no me,
ma ne no,   ma ma na,   ma na na,   ma nao.

FIANARANA FAHA - 4.

l · *l*

Fampiasana ny fanononana.

y	i	ao	*e*	*ay*	*a*
ly	**li**	**lao**	*le*	*lay*	*la*

ny le la,   ny lo lo,   ny e lo,   mo lo lo,   mo la ly,
o lo a na,   o ma ly.

FIANARANA FAHA - 5.

r . *r*

Fampiasana ny fanononana.

o	i	a	*e*	*y*	*o*
ro	ri	ra	*re*	*ry*	*ro*

ny rí·a na[1] ; ny rá no, ny ó ra na, ny ró,
ma rá ry, i reo, róa.

FIANARANA FAHA - 6.

Fehezan - teny

là ny ny á ri na ; a rí·o ny rá no ; má my ny
ro nó no ; mé na ny ra ; ma rá ry ny ó lo na ;
me na ny é lo nay, o mé·o ra no ; mí·a la ny
ña ma nao ; ma na na e lo i ne nŷ ; a la no ny ny
mo lo lo mai na.

lany ny arina; omeo rano

FIANARANA FAHA-7.

V · *v*

Fampiasana ny fanononana.

ao	y	e	ay	i	o
vao	**vy**	**ve**	*vay*	*vi*	*vo*

ny vá va,   ny vo la,   ny va ra vá ra na,   ny vo·a lá vo,   ny va ry,   ny va la la,   á vo,   i va, mi ve ri na,   mi vao fy.

FIANARANA FAHA-8.

f · *ff*

Fampiasana ny fanononana.

o	ai	e	a	y	e
fo	**fai**	**fe**	*fa*	*fy*	*fe*

fó lo,   ny fá ry,   fá ly,   ny le fo na,   ny mo fo, ny fa nó ro na,   lá fo,   fa ra fa ra,   mi fá fa.

FIANARANA FAHA-9.

Fampiasana ny fanononana.

i	o	ay	hy	he	ha
hi	ho	hay	hy	he	ha

ny hé na, ny há ni na,
hao i ray, ma ha may, mi hí na na, mi ho me hy,
mi lo lo ha, ma hay, há fa.

FIANARANA FAHA-10.

s · ſ

Fampiasana ny fanononana.

o	ao	y	si	se	so
so	sao	sy	si	se	so

ny sá sa, ny só so na, ny sa ho na,
ny sa vo ny, ny nó sy, i sé, í sa, lá sa, má ni sa,
ma na sa, mi a sa.

FIANARANA FAHA - 11.

Z

Fampiasana ny fanononana.

a	ai	e	y	o	a
za	**zai**	**ze**	*zy*	*zo*	*za*

ny zá za, ny zo zó ro, mai zi na,
ma há zo, fe hé zo.

FIANARANA FAHA - 12.

Fehezan-teny.

nï la lao i za hay á ny na rai na. — sa sao ny
lo ha nao. — ma ma fy va ry ny o lo na. — ho ai za
hia na reo? mi ve ri na ny ra ha la hi ny. — fa fa ny
ny ni fi ny. — ma na na vo la aho. — ma my ny fa ry
mi lo lo ha he na io le hi la hy io. — a se hoy ny
ni fi nao. — ma na se ho ny ni fi ny io za za va vy io
— i za no a na ra nao? ma nao vo lo io ve hi va vy
io. — mi ve ly va ry i reo le hi la hy i reo. —
ma ni no na ny na ma nao? ma na sa ny so fi ny sy
ny o ro ny sy ny va va ny i zy.

FIANARANA FAHA - 13.

b · ℬ

Fampiasana ny fanononana.

ay	o	e	a	i	ao
bay	**bo**	**be**	*ba*	*bi*	*bao*
mbay	mbo	mbe	*mba*	*mbi*	*mbao*

ny bí by, mi bá by, bo ri bo ry;
om by, dom bo, lam ba i ray, am bo ny, am ba ny.

FIANARANA FAHA - 14.

p · ℘

Fampiasana ny fanononana.

e	i	ao	o	y	e
pe	**pi**	**pao**	*po*	*py*	*pe*
mpe	mpi	mpao	*mpo*	*mpy*	*mpe*

ny pé ni na, va lo-pó lo, e fa-po lo, e ni po lo;
mpa nompo, ny mpi·ambi na, ny mpi·a sa,
ny mpa ma fy, mpambo ly, am py.

FIANARANA FAHA-15.

d · *d*

Fampiasana ny fanononana.

o	i	a	e	y	ao
do	**di**	**da**	*de*	*dy*	*dao*
n·do	n d i	n d a	*nde*	*ndy*	*ndao*

dá da, á dy, a dá la, día, ó dy, ma dío,
mande ha, ny tenda, manda dy, mandá.

FIANARANA FAHA-16.

t · *t*

Fampiasana ny fanononana.

ao	a	i	e	y	a
tao	**ta**	**ti**	*te*	*ty*	*ta*
nt ao	n t a	n t i	*nte*	*nty*	*nta*

ny tá na na; ny tá ny, ny ta ná na;
ma ló to; mi tó to; — mainty, venty, ento.

Fianarana faha - 17.

k · *k*

Fampiasana ny fanononana.

i	ao	e	*ai*	*y*	*o*
ki	**kao**	**ke**	*kai*	*ky*	*ko*
nki	nkao	nke	*nkai*	*nky*	*nko*

ny so bi ka, ny a li ka, ny ko fe hy, ny sao ka, ny a ko ho, ny sa kay, ka mo, ke ly, ma ma ky te ny, mi vonki na. vanko na.

Fianarana faha - 18.

Fehezan-teny

tai za hia nao o ma ly? — ni a sa ny ta nimba ri nay ni a ra ka ta min' i da da a ho. — mbo la ma nao i no na hia na reo? — mbo la mi hi nambary i za hay. — i za no namboly i reo ha zo ireo? — i za hay no namboly a zy. — mbo la manda dy i ko to. — ralay, rai so i ty la ki re i ty ka manka ne sa eo a min'ny ta bi lao noa ra; soraty ireto teny ireto: fa ma ky, va ra va ranke ly, ki ra ro, ko fa fa.

soraty ireto teny ireto.

FIANARANA FAHA - 19.

g . *g*

Fampiasana ny fanononana.

i	o	e	*a*	*y*	*o*
gi	**go**	**ge**	*ge*	*gy*	*go*
ngi	ngo	nge	*nge*	*ngy*	*ngo*

mi gó ka, ma na gó·a na, ma na gá na, anga dy.

FIANARANA FAHA - 20.

j . *j*

Fampiasana ny fanononana.

i	a	o	*e*	*y*	*a*
ji	**ja**	**jo**	*je*	*jy*	*ja*
nji	nja	njo	*nje*	*njy*	*nja*

mi ja jí ri ka,   mi já no na,   mi lanja.

FIANARANA FAHA-21.

ts · *ts*

Fampiasana ny fanononana.

y	a	o	e	i	a
t·sy	**t·sa**	**t·so**	*t·se*	*t·si*	*t·sa*
nt·sy	nt·sa	nt·so	*nt·se*	*nt·si*	*nt·sa*

ny t·sé na, t·sy, t·sí·a, a t·sí mo, t·sá ra,

vá t·sy, mian t·soa, mi t·sá bo.

FIANARANA FAHA-22.

dr · *dr*

Fampiasana ny fanononana.

a	i	o	e	y	a
dra	**dri**	**dro**	*dre*	*dry*	*dra*
ndra	ndri	ndro	*ndre*	*ndry*	*ndra*

ny gá dra, mi dra dra dra dra, mi dré ho, dró dro ka,

man dro va, man dry, man drin drin a, ny an dro, ny

fan dria na, man dray.

~~~~~~~~~~~~~~~~~~~~ FIANARANA FAHA -23. ~~~~~~~~~~~~~~~~~~~~

tr · *tr*

Fampiasana ny fonononana.

a	o	e	*i*	*e*	*y*
tra	**tro**	**tre**	*tri*	*tre*	*try*
ntra	'ntro	ntre	*ntri*	*ntre*	*ntry*

ny *tr*á fo, ny *tr*á no, ny *tr*á tra, ny fi tá ra *tra*
ny so lai *tra*; ma dí *tra*, lá vi *tra*, é fa *tra*, mi pé *tra* ka
ny tongo *tra*.

~~~~~~~~~~~~~~~~~~~ FIANARANA FAHA-24. ~~~~~~~~~~~~~~~~~~~

Fehezan - teny

ra hampit·so, hambo ly t·sa ra ma so a min' ny
ta nimbo lin' ny se ko ly hia na reo. — ra be, a se hoy
ny rant·santa na nao. — nande ha nant·sa ka rai vo.
— a lao ny zinga ka o meo ra no ke ly a ho fa mange
ta heta. — mi jinja va ry ny o lo na. — ary mi fe hy
va ry io ve hi va vy io. — a kimpi ko ny ma so ko.
— andrandrai ko ny lo ha ko. — mit·sanga na a ho.
mande ha na a rindri no ny va ra va rambe.

mande ha a ho, — a rindri ko ny va ra va rambe. —
ma nao i no na ny mpia na tra za za la hy? —
mamboa tra ny ta nimbo ly i zy. — i za no
mampia na tra a zy mambo ly? ny mpampianatra
no mampia na tra a zy.

a ry ma nao i no na ny mpia na tra za za va vy?
mia na tra zai tra i zy. — i za no mampia na tra zaitra
azy? ra ma toa mpampiana tra zai tra no mampia na tra
zai tra azy. — mia na tra mi mi tran-damba, tampody,
zo zo tra, ary ka ra zan–jai tra be tsa ka i zy.

Litera Kapitaly

a A,	i I,	p P,
b B,	j J,	r R,
d D,	k K,	s S,
e E,	l L,	t T,
f F,	m M,	v V,
g G,	n N,	y Y,
h H,	o O,	z Z,

Ho an'ny mpampianatra

1° Tsy maintsy aseho ny zavatra izay vakin'ny ankizy ny anarany, toy ny teny *bureau, table, nez, pied,* etc., etc…

2° Asaivo ataon'ny mpianatra ny asa izay lazain'ny fehezan-teny vakiny.

3° Aza mandika ny teny na ny fehezan-teny.

4° Manome teny amin'ny mpampianatra indray aho tsy hilaza amin'ny mpianatra ny anaran'ny litera ; tsy ilaina koa ny hanasaratsaraka ny litera tafakambana toy ny *ou, eu, au, on, in,* etc., etc.

Ireo litera tafakambana ireo dia tsy misy afa-tsy feo iray hiany no famantarana asehony. *Aoka ho toa hoatra ny litera hafa mihitsy izay manana tarehy manokana no fiheveran'ny mpianatra ireo litera tafakambana ireo.*

DEUXIÈME PARTIE

Amin'ny frantsay, ny litera **a, i, y, l, n, m, r, d, t, v, f, b, p, z, k, h,** dia tononina hoatry ny amin'ny malagasy hiany.

Vakio hoatra ny mamaky teny gasy ireto teny manaraka ireto, ka ny aksenta dia ataovy amin'ny vakiteny farany (1).

Ma ri,   mi di,   pa pa,   a mi,   fi ni,   bâ ti.

Ny feo asehon'ny litera **O** amin' ny teny malagasy dia **OU** no amantarana azy amin'ny teny frantsay.

Pou, bout,(2) mou, vous, nous; de bout, doux.

---

(1) Amin'ny Frantsay, ny aksenta dia amin'ny vakiteny farany na amin'ny vakiteny alohan'ny farany; amin'ny vakiteny alohan'ny farany izy raha tahiny tsy maintsy tononina malemy ny vakiteny farany.

(2) Matetika ny litera sasany toy *t*, *d*, *s*, *z*, &c., dia tsy tononina raha tahiny fara-soratra. Indraindray amin'ny fampiasana manaraka, ny litera tsy tononina dia voasoratra amin'ny litera hafa tarehy.

FIANARANA FAHA - 27.

Ny feo asehon'ny litera **e** amin'ny teny malagasy dia saika ny feo asehon'ny litera **é** sy **è** amin'ny teny frantsay no sahalahala aminy. Ny litera **è** dia tononina amin'ny vava misokatra tsara.

Ny feo **é** dia aseho koa amin'ny fikambanan'ny litera :

ai, ez, er, ed, et, es, est, ait, ais, ei, ary ny feo **è** koa amin'ny

    é. — dî n*er*, n*ez*, ré pa ré, ba l*ai*, p*ou* l*et*, pa pi·*er*.

    è. — pa l*ais*, m*es*, t*es*, les pi*ed*s.

FIANARANA FAHA - 28.

e   ·   *e*

Ny feo asehon'ny litera **e** amin'ny teny frantsay dia tsy misy amin'ny teny malagasy. Ity feo ity dia aseho koa amin'ny **eu, œ, œu.**

Fampiasana ny fanononana.

e	*eu*	e	*eu*	œ	e
le	v*eu*	m*eu*	b*eu*	l'*œ*	ne

e-eu. — le ne v*eu*[1], le f*eu*, la mè re, la p*ou* le, la pi pe, le b*eu* rre[2], l'*é* lè ve, d*eu*x.

---

(1) Ny litera *e* dia saika tsy re akory ny fanononana azy raha fara-soratra.
(2) Ny renisoratra roa tafakambana dia saika tononina tahaka ny renisoratra iray hiany.

FIANARANA FAHA - 29.

u U · *u* *U*

Ny feo asehon'ny litera **u,** amin'ny teny frantsay dia tsy misy amin'ny teny malagasy.

Fampiasana ny fanononana.

u	u	u	u	u	u	u	u
lu	mu	fu	tu	du	ru	pu	nu

u. — nu, u ne, les ru·i nes, la lu ne, la fu mé e, pu ni, ba ttu, *fai* re u ne *bou* tu re.

FIANARANA FAHA - 30.

O · *O*

Ny feo asehon'ny litera **O,** amin'ny teny frantsay dia tsy misy amin'ny teny malagasy. Kanefa ny fanononana azy dia saika sahalahala amin' ilay feo fiantsona na fitarainana hoe : *Andriamatoa ó, Andriamanitra ó.*

Ity feo ity dia aseho koa amin'ny **au, eau.**

Fampiasana ny fanononana.

o	o	au	eau	*au*	*o*	*eau*	*o*
lo	ro	pau	teau	*gau*	*do*	*reau*	*vo*

la ro be, le ba *teau,* les *pau* piè res, le mot, le zé ro, le ha*meau,* le *tau reau,* le po*teau,* le mo dè le.

~~~~~~~~~~~~~~~~~~~~~~~~~~~~ FIANARANA FAHA - 31. ~~~~~~~~~~~~~~~~~~~~~~~~~~~~

Fehezan-teny

Le vez-vous; tu te lè ve ras, vous vous lè ve rez; tu te lè ves, vous vous le vez; tu t'es le vé, vous vous ê tes le vés. — La ve ta ro be; tu la ve ras ta ro be, vous la ve rez vos ro bes; tu la ves ta ro be, vous la vez vos ro bes; tu as la vé ta ro be, vous a vez la vé vos ro bes. — L'é lè ve fe ra u ne bou tu re, l'é lè ve fait u ne bou tu re, l'é lè ve a fait u ne bou tu re. — Fais u ne bou to nniè re; vous fai tes u ne bou to nniè re; l'é lè ve a fait u ne bou to nni·è re. — L'é lè ve li ra; l'é lè ve lit; l'é lè ve a lu. — As-tu du riz? tu *au* ras du riz; a vez-vous du riz? vous *au rez* du riz, vous a vez du riz. — As-tu a llu mé le *feu*? tu a llu me ras le *feu*, tu a llu mes le feu, tu as a llu mé le feu.

Le mu let a bu de l'*eau*. Où a llez-vous? Où vas-tu? La ri zi·è re a é té la bou ré e.

Le mulet a bu de l'eau.

As-tu allumé le feu?
~~~~~~~~~~~~~~~~~~~~~~~~~~~~

~~~~~~~~~~~FIANARANA FAHA -32.~~~~~~~~~~~

Misy zanatsoratra 4 amin'ny frantsay izay tononina an'orona : **an, in, on, un,** sarotra amin'ny malagasy ny manonona azy ireo.

an

Ny zanatsoratra tononina an'orona **an,** dia soratana **am, en, em,** koa.

Fampiasana ny fanononana.

an	en	am	em	*am*	*en*	*an*	*em*
dan	ren	lam	tem	*bam*	*len*	*man*	*rem*

la ma man, le banc, le rang, le bam bou, la vi·an de, de man der, l'en fant, mes dents, les pa rents, com ment, la lam pe, dans, la tem pe.

~~~~~~~~~~~FIANARANA FAHA -33.~~~~~~~~~~~

in

Ny zanatsoratra tononina an'orona **in,** dia soratana **ain, ein, im, aim. eim,** koa.

Fampiasana ny fanononana.

in	ain	aim	in	*im*	*in*	*ain*	*ein*
vin	main	faim	pin	*lim*	*tin*	*bain*	*pein*

le ma tin, le la pin, le bam bin, du pain, le bain, de main, la main, main te nant, la faim,

FIANARANA FAHA-34.

on

Ny zanatsoratra tononina an'orona **on** dia soratana **om, eon.**

Fampiasana ny fanononana.

om	on	o n	*om*	*on*	*om*
tom	lon	ron	*nom*	*pon*	*bom*

le bâ *ton,* le *din don,* le men *ton,* le p*on*t, le ta l*on,* l*on*g, r*on*d, *ton,* m*on,* le va ll*on,* le *nom,* le *tom* beau, *tom* ber.

FIANARANA FAHA-35.

un

Ny zanatsoratra tononina an'orona **un** dia soratana **um, eun.**

um	*un*
fum	*lun*

le l*un*di, *un.*

FIANARANA FAHA - 36.

oi · *oi*

Ny **oi** dia tononina hoatra ny **oa** amin'ny malagasy voahisy aksenta ny **a**.

Fampiasana ny fanononana.

oi	oi	oi	*oi*	*oi*	*oi*
loi	roi	toi	*doi*	*moi*	*foi*

moi, toi, l'é toi le, la toi le, boi re, le doigt.

FIANARANA FAHA - 37.

oin · *oin*

oin dia ny fikambanan'ny **ou** sy ny **in, ou-in,** ka tononina haingana.

Fampiasana ny fanononana.

oin	oin	*oin*	*oin*
poin	foin	*loin*	*moin*

la *poin* te, *loin*, m*oin*s, le p*oin*g, le p*oin*t, le té m*oin*.

~~~~~~~~~~ FIANARANA FAHA -38. ~~~~~~~~~~

Fehezan-teny

Le vez–vous ; nous nous le vons. Rom pez les rangs, nous rom pons les rangs. Ai mez vos pa rents ; nous ai mons nos pa rents. L'en fant a faim, do nnez-lui du lait, do nnez–lui un peu de vi·an de et du pain. Le temps est beau, main te nant. On a teint l'é to ffe en vi·olet ; on fe ra de beaux lam bas. Lun di ma tin, mes a mis ont tu é un din don. Co mment a llez–vous ?

Le pont est loin.

~~~~~~~~~~ FIANARANA FAHA -39. ~~~~~~~~~~

ph · *ph*

Ny **ph** voatambatra dia tononina tahaka ny **f.**

Fampiasana ny fanononana.

a	i	o	u	e	y
pha	*phi*	*pho*	*phu*	*phe*	*phy*

le pa ra *phe.*

FIANARANA FAHA - 40.

c C · *c* *C*

Ny litera **c** dia tsy misy amin'ny malagasy. Raha **a o u** no zana-tsoratra miaraka aminy dia tononina tahaka ny **k** izy. — Ny renisoratra **k** dia mitovy amin' ny. **q** sy **qu** izay tsy mba misy amin'ny malagasy.

Fampiasana ny fanononana.

a	o	u ‖ *o*	*u*	*a*
ca	**co**	**cu** ‖ *co*	*cu*	*ca*

la ca ra fe, la cô te, la co lère, le ca ma ra de, le ca fé, un con te, con t*er*, é cou ter.

q Q. — la pi *qû* re. qu. — pi *qué*, la *quê* te.

FIANARANA FAHA - 41.

g · *g*

Ny litera **g** dia tononina tahaka ny **g** malagasy raha tahiny **a** na **o** na **u** no zanatsoratra miaraka aminy; mitovy amin'izany hiany koa ny fanonona azy na zanatsoratra inona na inona no miaraka amin'ny **gu** voatambatra.

Fampiasana ny fanononana.

u	a	o	i ‖ *é*	*in*	*on*	*an*
gu	**ga**	**guo**	**gui** ‖ *gué*	*guin*	*gon*	*gan*

les lé gu mes, un ga min, la ri go le, la lan *gue*, un *gui* de, la *guê* pe, la *gueu* le, la pi ro *gue*.

FIANARANA FAHA-42.

Z

Ny fanononana ny **Z** frantsay dia mitovy indrindra amin'ny **Z** malagasy, ny litera **S** raha tahiny ao anelanelan'ny zanatsoratra roa dia tononina tahaka ny **Z** koa.

Fampiasana ny fanononana.

u se, o se, a sa, e soin, a si, oi son, o seau

la ro se, la me su re, le ro seau, i so lé, l'oi seau, u ne di vi si·on.

FIANARANA FAHA-43.

Fehezan-teny

Qui a vu l'é lè ve? — Qui va là? — Qui a la vé ta ro be? — A qui de li re? — A moi. Que li rez-vous? — Va à l'é co le. — L'é co le est loin de la mai son de mes pa rents. É cou tez-moi; nous vous é cou tons. Tous vos é lè ves vous é cou tent. Voi là un é lè ve qui ne vous é cou te pas. Que fai tes-vous? Ré pon dez-moi. Je vais re pi quer du riz. Où? dans la va llée. Do nnez un peu de qui ni ne au ma la de. La qui ni ne le gué ri ra. Il y a de l'eau dans la pi ro gue. Qui ê tes-vous? Les oi seaux ont deux ai les, et deux pa ttes.

Je vais repiquer du riz.

Tous vos élèves vous écoutent.

FIANARANA FAHA-44.

S · *s*

Ny fanononana ny **S** frantsay dia tena hafa mihitsy amin'ny fanononana ny **S** malagasy.

Fampiasana ny fanononana.

o	in	u	*a*	*on*	*e*
so	sin	su	*sa*	*so*	*se*

la sa la de, sa lé, sa me di, la sa li ve, so li de.

Amin'ny frantsay ny feon'ny renisoratra **s** dia asehon'ny **c** miaraka amin'ny **i** na **e** —

la ci re, ce lui–ci, ce lui–là, ce ci, ce.

ary koa ny **ç** miaraka amin'ny zanatsoratra na inona na inona,

le re çu.

ary indraindray koa ny **t** izay alohan'ny **i**.

l'ad di ti·on.

~~~~ FIANARANA FAHA-45. ~~~~

j · *j*

Sarotra ny hanazavana ny fanononana ny **j** amin'ny teny frantsay; ny fahazarana sy ny fihainoana ny fanononan'ny vazaha frantsay no hiankinana indrindra.

Fampiasana ny fanononana.

o	a	in	*on*	*u*	*é*
jo	**ja**	**jin**	*jon*	*ju*	*je*

la ju pe, j'ô te, je, ja mais, le jonc, jouer, je ter.

Ny renisoratra **j** dia asehon'ny **g** miaraka amin' ny zanatsoratra.**i** na **e**.

le gi bi·er, le gi let, le ge nou, la pa ge, man ger.

FIANARANA FAHA -46.

x X · *x* *X*

Ny **x** tononina tahaka ny **ks**.

Fampiasana ny fanononana.

e	a	*y*	*i*
xé	xa	*xy*	*xi*

la ma xi me, fi xé, la ta xe.

FIANARANA FAHA -47.

ch · *ch*

ch dia tononina saiky sahalahala amin'ny **s** malagasy amin'ny teny *misy*.

Fampiasana ny fanononana.

a	e	ien	*on*	*au*	*ou*
cha	che	chien	*chon*	*chau*	*chou*

le *ch*amp, la va *che*, *ch*aud, la pê *che*, le ri *che*,
le *chi*·*en*, le co *chon*, *choi* sir.

~~~~~~~~~~~~~~~~~ FIANARANA FAHA -48. ~~~~~~~~~~~~~~~~~

gn ⋅ *gn*

Fampiasana ny fanononana.

a	in	u	o	on
gna	gnin	gnu	*gno*	*gnon*

le ga *gn*ant, la li *gn*e, u ne si *gn*a tu re, ga *gn*é.

~~~~~~~~~~~~~~~~ FIANARANA FAHA - 49. ~~~~~~~~~~~~~~~

Fehezan - teny

On sè me le riz au mois d'août ; nous sè me rons du riz ; le riz a été se mé. — La mai son n'est pas so li de ; la mai son tom be ra pendant la mau vai se sai son. — Mon ca ma ra de n'a pas su sa le çon ; mon ca ma ra de se ra pu ni. — Do nnez-moi ce ca hier. Ce lui-ci ? ou ce lui-là ? Do nnez-les moi tous les deux. — Je sais li re, tu sais li re ; nous sa vons li re, vous sa vez li re. — A vez-vous dé jeu né ? Pas en co re, le riz n'est pas cuit. J'ai faim. Qu'a-vez-vous man gé a vant d'a ller à l'é co le ? je n'ai rien man gé. — Le vez–vous ; je me lè ve rai, je me lè ve, je me suis le vé. — Li sez ; je lirai, je lis, j'ai lu. — Ce chi⋅en est mé chant. — Nous a llons fai re une a ddi ti⋅on ; a ddi tio nnez deux, vingt et cent. — A llez chez vous; re ve nez à une heu re et de mi e. — E cou tez bien ce que je vais vous di re. — Di tes-moi ce que je fais; dites–moi ce que vous faites. Di tes–lui ce que j'ai fait. Di tes–lui ce que vous a vez fait.

Dites-lui ce que j'ai fait.

Le riz a été semé.

FIANARANA FAHA -50.

Tononina tsara ny **a** ary ny renisoratra **r** tononina haingana. Raha tahiny ny teny *ary* no tononina amin'ny malagasy saika tsy re ny feon'ny **y.** Tonony io teny io ary aoka ho tsy ho re mazava ny feon'ny **y**, toy **ny** fanao, mba tsy ho fantatra izay zanatsoratra miaraka amin'ny **r** ; ary amin' izany dia ny fanononana **ar** amin'ny teny frantsay no tononinareo.

ar . *ar*

Fampiasana ny fanononana.

ar	ar	ar	*ar*	*ar*	*ar*
fa·r	**ba·r**	**da·r**	*lar*	*mar*	*gar*

la ba·r be, l'a·r me, la ma·r mite, la ca·r te, le ga·r di·en, le la·rd, l'a·r doi se, le ca·r ton, u ne ma·r ge.

~~~~~~~~~~~~~ FIANARANA FAHA-51. ~~~~~~~~~~~~~

Raka tahiny hay ny fanononana ny **ar** dia tsy sarotra ny hanonona ny **ir, or, eur, our, oir,** etc.

Ny **e** arahin'ny renisoratra dia tononina tahaka ny **é.** Ny **r** dia re hiany indraindray ny feony, fa ny fahazarana hiany no hahalalana matetika izay **r** tokony ho tononina sy tokony tsy ho tononina amin'ny farasoratra : ny **r** amin'ny *mer* dia tononina fa tsy tononina kosa amin'ny teny *aimer*. Raha arahin'ny renisoratra dia ho tononina izy : berger, fermer, fertile.

ir, or, ur, er   .   *ir, or, ur, er*

oir, our, eur   .   *oir, our, eur*

Fampiasana ny fanononana.

or	ir	ur	er	*oir*	*our*	*eur*
fo·r	mi·r	du·r	be·r	*noir*	*bour*	*peur*

le fe·r, la me·r, la po·r te, re ve ni·r, fi ni·r, do·r mi·r, le mu·r, le mi roi·r, le noi·r, soif, leu·r, la peu·r, fe·r ti le, lou·rd, fe·r mer, la vi·r gu le, se me ttre en rang deux pa·r deux.
~~~~~~~~~~~~~

ᴡFIANARANA FAHA-52.

Sahala amin' ny fanononana ny **ar**, tsy maintsy tononina ny **a** ary hatao haingana ny fanononana ny **l**. Tonony ny teny **àla**, ka ataovy mafy ny **a** voalohany, fa ataovy maizina ny fanononana ny **la**.

al, il, ol, ul . *al, ol, ul*

eul, oil, el . *il, el, oil, eul*

Fampiasana ny fanononana.

al	oil	el	il	*ol*	*ul*	*el*	*al*
va·l	poi·l	te·l	fi·l	*bol*	*nul*	*nel*	*mal*

l'a ni ma·l, le fi·l, le bo·l, un poi·l, le mi·el.

FIANARANA FAHA-53.

Tsy mba ny **l** sy **r** hiany tsy akory no renisoratra tononina amin'ny faran' ny vakiteny, fa ny **b**, ny **c**, ny **d**, ny **f**, etc. koa mba tononina hiany indraindray.

ac, ec; ab, ob . *ac, ec; ab, ob;*

op, ip; is, as; ad; . *op, ip; is, as; ad;*

af . *af*

le la·c, le ba·c, le po·s te, l'hi·s toi re, le su·d; le ca ni·f, le be·c, le che·f.

~~~~~~~~~~~~~~~~~~~~~~ Fɪᴀɴᴀʀᴀɴᴀ ғᴀʜᴀ -54. ~~~~~~~~~~~~~~~~~~~~~~

Fehezan-teny

J'ai a·p po·r té mon a·r doi se ; tu as a·p po·r té ton a·rdoise ; il a appo·rté son ardoise ; ils ont apporté leu·r ar·doise. Il y a des ardoises na tu re lles et des ardoises fa·c ti ces ; les ardoises fa·ctices sont en ca·r ton ; on fait les ardoises naturelles avec une pier re a ppe lé e ar doi se. Souvent les ardoises factices sont protégées par un cadre en bois. — Nous avons semé des pois ma·s cate et du so·r gho dans le ja·r din de l'école. Le pois mascate est un ex ce llent aliment pou·r les bœufs. — A Tananarive le se·l coûte che·r. Le sel est très utile. — La rizière, le champ et le jardin sont fertiles. — Fe·r m*ez* la po·r te. Je fe·r me rai la porte, je ferme la porte ; j'ai fe·r mé la porte. — Dites ce qu'il fera, dites ce qu'il fait, dites ce qu'il a fait. — A·l lez che·r cher des œufs, un poulet et du riz. Com bien coû te ce pou let ? cinquante centimes. C'est un peu che·r ; voi ci quarante–cinq centimes. — Pou·r quoi n'ê tes-vous pas venu à l'école hier? — Je ne suis pas ve nu à l'école hier, pa·r ce que
~~~~~~~~~~~~~~~~~~~~~~

je suis allé ga·r der les be·sti·aux. Il faut ve nir à l'école chaque jou·r. — Montez sur la chai se. Po·r tez la chaise dans la cou·r.

Il faut venir à l'école chaque jour.

Allez chercher des œufs, un poulet et du riz.

FIANARANA FAHA-55.

bl . *bl*

Raha mamaky ny **bl** dia vakio miaraka haingana ireo renisoratra roa ireo ka ataovy hoatra ny misy zanatsoratra e ny farany b^e l^e, tononina haingana b. l^e.

Fampiasana ny fanononana.

é	i	a	an	on	o
b·lé	b·li	b·la	b·lan	b·lon	b·lo

Le b·lé, la ta b·le, le sa b·le, la bi b·le, la fa b·le.

―――― Fianarana faha -56. ――――

Raha tahiny hay ny fanononana ny **bl** dia tsy sarotra ny hanonona ireto renisoratra mikambana ireto.

pl. gl. fl . *pl. gl, fl*

cl . *cl*

Fampiasana ny fanononana.

u	ai	in	*in*	*ou*	*a*
p·lu	f·lai	p·lin	*clan*	*glou*	*pla*

la plu me, le di p·lô me, la rè g·le, la c·la vi cu le, la c·lo che, c·lo re, la f·lû te, la f·la mme, le f·leu ve, un po·r te-p·lu me, s'a pp·li quer.

―――― Fianarana faha -57. ――――

Raha mamaky ny **br** vakio miaraka haingana ireo renisoratra roa ireo ka ataovy hoatra ny misy zanatsoratra e ny farany **b**e **r**e tonony haingana.

br . *br*

Fampiasana ny fanononana.

a	un	i	ai	in	o
b·ra	b·run	b·ri	brai	b·rin	b·ro

b·ra ve, li b·re, la b·ro de ri e, un b·rin d'he·r be, la b·ru me, b·ro der, en trer, bri ser, a bri ter, brû ler, la bran che, l'ar bre.

~~~~~~~~~~~~~~~~~ FIANARANA FAHA -58. ~~~~~~~~~~~~~~~~~

Raha tahiny hay ny fanononana ny **br**, dia tsy sarotra ny hanonona ireto renisoratra mikambana ireto.

cr. gr, tr, dr   .   *cr. gr. tr, dr,*

fr. pr   .   *fr. pr*

Fampiasana ny fanononana.

é	in	a	ou	ai	o	i
fré	crin	tra	*frou*	*crai*	*dro*	*gri*

g·ris, le f·rè re, le li v·re, l'i v·ro gne, le li t·re, le mè t·re, le g·ra mme, le ki lo g·ra mme, le nè g·re, le c·ro co di le, la p·ri·è re, la c·rai· e, l'en c·re, l'en c·rier, une ta che d'en c·re, u ne le·tt·re, une ph·ra se, le pu pi tre, mon trer, gron der, crier, froid, droit, fai re des pro grès.
~~~~~~~~~~~~~~~~~

~~~~~ FIANARANA FAHA-59. ~~~~~

oy . *oy*

Amin'ny **oy**, ny **y** dia sahala amin'ny **i** roa. Ny **i** voalohany dia tsy maintsy mikambana amin'ny **q** mba hahatonga **oi**; ary ny **i** faharoa dia mikambana amin'ny litera aoriana.

Fampiasana ny fanononana.

a	au	er	*en*	*é*
oi i·a	oi i·*au*	oi i·er	*oi i·en*	*oi i·é*
oy a	oy au	oy er	*oy en*	*oy é*

noy er,   le noy é,   le moy en,   le noy au,
l'en voy é,   le pa lais roy al,   le ci toy en.

~~~~~ FIANARANA FAHA-60. ~~~~~

Amin'ny **ay,** ny **y** dia sahala amin'ny **i** roa. Ny **i** voalohany dia tsy maintsy mikambana amin'ny **a,** mba hahatonga **ai**; ary ny **i** faharoa dia mikambana amin'ny litera aoriana.

ay . *ay*

uy . *uy*

Fampiasana ny fanononana.

á	on	er	*a*	*er*	*ays*
ai i·á	ui i·on	ui i·er	*ai i·a*	*ai i·er*	*ai i·s*
ayá	uyon	uyer	*uya*	*ayer*	*ai i·s*

le pay san, pay er, ray er, le c·ray on, e ssuy er.

—————————— FIANARANA FAHA – 61. ——————————

ill . *ill*

Ny **ill**, na **il,** na **ll** dia tononina saika mitovy amin'ny **y** ao amin'ny **oy, ay,** izay efa nianarana mialoha.

Fampiasana ny fanononana.

a	u	on	*an*	*e*	*o*
illa	illu	illon	*illan*	*ille*	*illo*

la pa *ille*, la mé da *ille*, la mu ra *ille*,
la feu *ille*, tra va*iller*, la fa mi *lle*.

FIANARANA FAHA-62.

Fehezan-teny.

Où est vo t·re po·r te-p·lu me ? — Po sez vo t·re li v·re su·r la table. Je po se mon li v·re su·r la ta b·le. — Je n'ai p·lus d'en c·re. Je vais vous donner de l'encre. — Avez-vous en ten du la c·lo che ? il est l'heure d'a ller à l'é co le. En t·rez ! — Vo t·re sœur ap p·rend-el le à cou d·re ? Oui, elle a pprend à cou d·re à l'é co le o·f fi ci·el le. — Qu'est-ce que le mè t·re ? Qu'est-ce que le li t·re ? — É cri vez la phra se su·i van te su·r vos a·r doi ses : Vi ve la Fr·an ce ! — P·re nez ce mor ceau de cr·ai·e ; allez au tableau. Je vous ai en voy é une let t·re ce matin. L'avez-vous reçue ? Avez-vous ba la yé vo t·re cham b·re ? il faut la ba la yer tous les ma tins. — Ne soyez pas pa res seux ; ai mez le t·ra va il ; tous les ê t·res tra va illent au tour de vous.

Vive la France !

Paris. — Imp. E. Capiomont et Cⁱᵉ, rue de Seine, 57

www.ingramcontent.com/pod-product-compliance
Lightning Source LLC
LaVergne TN
LVHW020005180726
843503LV00008B/3813